Titanic

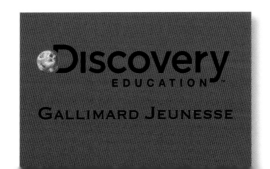

Discovery
EDUCATION™

GALLIMARD JEUNESSE

EDUCATION™

UN LIVRE WELDON OWEN

© 2011 Discovery Communications, LLC.
Discovery Education™
et le logo **Discovery Education**
sont des marques déposées de Discovery
Communications, LLC, utilisées sous
licence.
Tous droits réservés.

Conçu et réalisé par
Weldon Owen Pty Ltd
59-61 Victoria Street, McMahons Point
Sydney NSW 2060, Australie

Édition originale parue sous le titre
Danger, Iceberg!
Copyright © 2011 Weldon Owen Pty Ltd

**POUR L'ÉDITION ORIGINALE
WELDON OWEN PTY LTD**
Direction générale Kay Scarlett
Direction de la création Sue Burk
Direction éditoriale Helen Bateman
Vice-président des droits étrangers
Stuart Laurence
**Vice-président des droits Amérique
du Nord** Ellen Towell
**Direction administrative des droits
étrangers** Kristine Ravn
Éditeur Madeleine Jennings
Secrétaires d'édition Barbara McClenahan,
Bronwyn Sweeney, Shan Wolody
Assistante éditoriale Natalie Ryan
Direction artistique Michelle Cutler,
Kathryn Morgan
Maquettiste Stephanie Tang
Responsable des illustrations
Trucie Henderson
Iconographe Tracey Gibson
Directeur de la fabrication
Todd Rechner
Fabrication Linda Benton et Mike
Crowton
Conseiller Philip Wilkinson

POUR L'ÉDITION FRANÇAISE
Responsable éditorial Thomas Dartige
Édition Éric Pierrat
Couverture Marguerite Courtieu
Photogravure de couverture Scan+
Réalisation de l'édition française
ML ÉDITIONS, Paris,
sous la direction de Michel Langrognet
Traduction Christine Rimoldy
Édition et PAO Anne Papazoglou-
Obermeister et Annabelle Morand
Correction Marie-Pierre Le Faucheur

ISBN : 978-2-07-064448-3
Copyright © 2012 Gallimard Jeunesse,
Paris
Dépôt légal : août 2012
N° d'édition : 238268
Loi n° 49-956 du 16 juillet 1949
sur les publications destinées
à la jeunesse.

Ne peut être vendu au Canada

Imprimé et relié en Chine
par 1010 Printing Int Ltd.

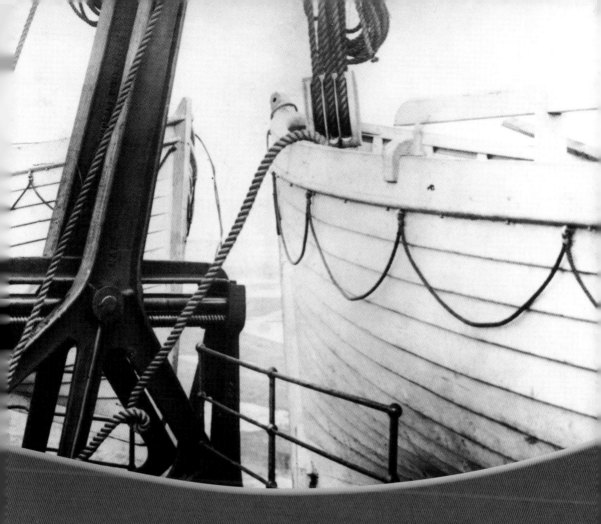

Titanic

Louise Park

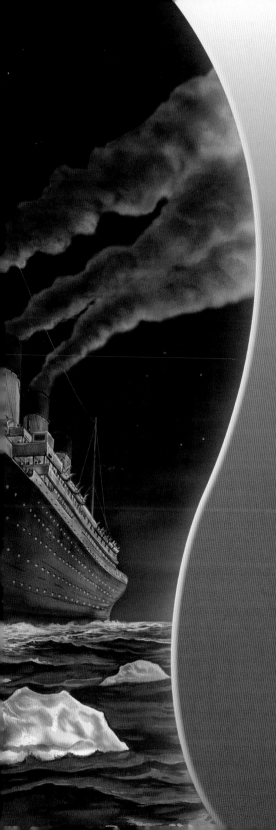

Sommaire

Histoire d'une catastrophe

Construit entre 1909 et 1912, le *Titanic* était le plus grand et le plus luxueux paquebot de son temps. Conçu par des ingénieurs très compétents, il se situait à la pointe de la technologie. Le 10 avril 1912, il prit la mer pour son voyage inaugural au départ de Southampton, en Angleterre, à destination de New York, aux États-Unis, avec 2 223 personnes à son bord. Après quatre jours de traversée, le 14 avril, peu avant minuit, le *Titanic* percuta un iceberg. Il coula en deux heures et quarante minutes ; plus de 1 500 passagers périrent.

Les enquêtes menées après ce naufrage tragique furent à l'origine de modifications importantes du droit maritime international.

Dans la presse
Le naufrage du *Titanic* provoqua une onde de choc dans le public, parce qu'on avait beaucoup insisté sur sa modernité et sur tous ses dispositifs de sécurité. Les journaux continuèrent pendant plusieurs semaines à publier des articles sur la catastrophe.

Un navire insubmersible ?

La White Star Line, compagnie propriétaire du *Titanic,* n'a jamais déclaré que son navire était insubmersible. Cette affirmation ne fut avancée qu'après son naufrage, et publiée pour la première fois au lendemain de la catastrophe, par le *New York Times.*

Conception et construction

Au début du XIXᵉ siècle, la construction navale était un secteur important. Les avions n'existant pas, quand on devait parcourir de longues distances, on empruntait la voie maritime. Les grandes compagnies de navigation comme la White Star Line, propriétaire du *Titanic*, cherchaient à conquérir de nouveaux clients en offrant des paquebots confortables, sûrs et rapides. Le *Titanic* était doté de trois moteurs : deux machines à vapeur et une turbine qui actionnaient chacun une hélice. Sa vitesse maximale était de 23 nœuds (43 km/h).

Le *Titanic* fut construit à Belfast, en Irlande.

Le navire en détail

Le *Titanic* mesurait 269 m de long et 53 m de haut de la quille au sommet de ses cheminées. La coque avait été conçue pour être étanche. Si une partie de la coque était inondée, l'eau était censée demeurer à l'intérieur d'un compartiment et ne pas se répandre dans les autres.

COMPARAISON DE TAILLES

Le *Titanic* était presque quatre fois plus long que l'Airbus A380 et mesurait près des trois quarts du plus grand bateau de croisière en service dans le monde aujourd'hui, l'*Oasis des Mers*, paquebot de luxe de 363 m de long.

Airbus A380   RMS *Titanic*   *Oasis des Mers*

La coque
Elle était constituée de plaques d'acier assemblées par des millions de rivets.

Les cloisons
Des parois étanches en acier partageaient la coque en 16 compartiments.

Le chantier naval

Le *Titanic* fut construit dans les chantiers navals Harland et Wolff, à Belfast, en Irlande. Les travaux commencèrent le 31 mars 1909, et il fallut plus de trois ans à 6 000 ouvriers pour le construire et effectuer les aménagements intérieurs.

Les cabines de luxe des 1ʳᵉ classe
Leurs occupants, de riches passagers, parfois célèbres, voyageaient pour leur profession ou leur plaisir.

Les cabines des 3ᵉ classe
Ces 262 cabines surpassaient en confort celles des 3ᵉ classe des autres paquebots.

Salle à manger des 1ʳᵉ classe
Cette immense et élégante pièce pouvait accueillir jusqu'à 532 convives.

Les 162 cabines des 2ᵉ classe
Chacune disposait d'un lavabo et de deux ou quatre couchettes encastrées et ceintes de rideaux pour plus d'intimité.

La salle à manger des 2ᵉ classe
Cette pièce lambrissée de chêne était si spacieuse qu'elle pouvait accueillir 400 passagers.

Les moteurs à vapeur
Les deux moteurs étaient propulsés par 29 chaudières alimentées par 159 foyers à charbon.

La cuisine principale
Elle était gigantesque ; on y préparait les repas des deuxième et troisième classes.

La salle à manger des 3ᵉ classe
Située sur le pont F, elle était confortable, avec un décor coloré.

La cuisine de 3ᵉ classe
Le dîner type se composait de soupe de riz, de *corned-beef* accompagné de choux et de pommes de terre, puis de pêches et de riz au lait.

Le savais-tu ?

Les passagers des différentes classes ne voyageaient pas tous ensemble. La première classe était en haut, près du pont des embarcations et des canots de sauvetage.

Les cabines

L e *Titanic* pouvait transporter jusqu'à
3 547 passagers (première, deuxième
et troisième classes confondues) et
membres d'équipage. La première classe,
réservée à l'élite, disposait de 39 suites privées
– chaque suite comprenant jusqu'à cinq pièces
et sa propre promenade. La première classe
comptait aussi 350 cabines meilleur marché,
équipées chacune d'un lit simple. La deuxième
classe possédait des cabines de deux ou quatre
couchettes, alors qu'en troisième classe
les passagers en famille dormaient dans des
cabines contenant de deux à six couchettes,
et les personnes seules, dans des dortoirs.

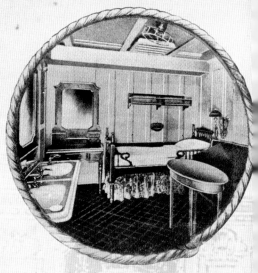

Les cabines de luxe
Lambrissées de boiseries et somptueusement
meublées, les cabines de luxe comportaient
une table, une chaise, des lavabos équipés de
l'eau courante chaude et froide, ainsi qu'un lit.

Le prix du billet

En première classe, une suite coûtait, à l'époque, 870 £,
alors qu'une cabine valait 30 £. Un billet de deuxième
classe coûtait 13 £, et un billet de troisième classe, de
3 à 8 £. Les repas étaient compris dans le prix du billet.

LÉGENDE

☐ Première classe
▨ Deuxième classe
▉ Troisième classe

Suite privée
La suite privée en première
classe constituait le mode
d'hébergement le plus agréable.
Les suites possédaient une
chambre équipée d'un lit
à rideaux, un salon, une salle
de bains, une pièce de
rangement pour les vêtements
ainsi qu'une chambre
réservée aux domestiques.

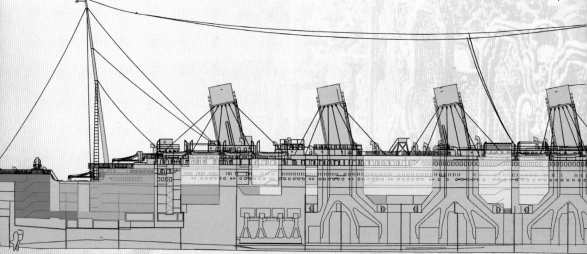

Une première classe stylée
Comme le montre la reconstitution ci-dessus, ces cabines étaient décorées dans des styles d'époques différentes. Certaines étaient même dotées d'une cheminée en marbre.

DU LUXE POUR TOUS

Même si le summum du luxe, à bord du *Titanic*, était réservé aux passagers de première classe, la qualité de l'hébergement en deuxième et troisième classes était bien supérieure à celle proposée par les autres paquebots. Les propriétaires du *Titanic* voulaient attirer autant de clients que possible. La plupart des passagers de troisième classe venaient de Scandinavie et d'Irlande. Ils quittaient leur pays natal pour émigrer aux États-Unis.

Passagère de 1re classe   Passager de 3e classe

Le pont des embarcations
Ce pont comportait des zones séparées où
pouvaient flâner les passagers de première
et de deuxième classe ainsi que les officiers.
C'était là également qu'étaient entreposés
la plupart des canots de sauvetage.

La vie à bord

L e *Titanic* offrait plus de commodités
que n'importe quel paquebot de luxe :
bibliothèque et salon de coiffure
masculin pour les première et deuxième
classes, grande salle commune où se
retrouvaient les troisième classes.
Des générateurs alimentés à la vapeur
fournissaient l'électricité pour l'éclairage
et les ascenseurs. Deux opérateurs-radio
pouvaient envoyer des messages privés.
Le navire possédait même un hôpital et son
propre journal, édité quotidiennement.

Commodités de luxe

Les passagers de première classe pouvaient faire du sport dans la piscine chauffée, la salle de gymnastique et sur le court de squash, ou profiter des bains turcs ou d'un bain chaud. Ils disposaient aussi des services du Café parisien, réplique d'un café parisien avec terrasse, qui servait une nourriture de qualité.

La salle de gymnastique
La salle de gymnastique des passagers de première classe était équipée d'un chameau et d'un cheval électriques, de vélos d'appartement et d'un rameur.

Un escalier majestueux

Les passagers de première classe accédaient aux installations qui leur étaient réservées par le grand escalier central. Celui-ci descendait jusqu'au pont E et desservait salons, cabines, restaurants, etc. Sur chaque palier, un angelot en bronze tenait une lampe. Les balustrades en fer forgé rehaussé de bronze, les tableaux et les parois entièrement lambrissées de chêne poli étaient du plus bel effet.

Les bains turcs
Situés derrière la piscine, les bains turcs étaient dotés d'un hammam, d'une salle chaude et d'une autre à température ambiante, de salles réservées aux shampoings, de toilettes, et d'une salle de rafraîchissement.

L'équipage

Capitaine Edward J. Smith
Cet officier de marine anglais chevronné
était âgé de 62 ans. Le voyage inaugural
du *Titanic* devait être le dernier avant sa
retraite. Son corps ne fut jamais retrouvé.

L'équipage du *Titanic* comprenait au total 899 hommes et femmes, sous le commandement du capitaine Edward J. Smith. L'équipage sur la passerelle se composait d'un capitaine en second, d'officiers, de magasiniers et de matelots, qui étaient responsables de la navigation. Le personnel des machines – électriciens, chauffeurs, mécaniciens de chaudières et autres soutiers – faisait en sorte que les moteurs tournent sans arrêt. Venaient ensuite tout le personnel hôtelier, les musiciens et les postiers, qui s'occupaient des passagers.

Premier officier William Murdoch
Il était de quart sur la passerelle quand
le navire percuta l'iceberg, bien qu'il ait
essayé de l'éviter. Il aida des passagers
à monter dans les canots de sauvetage.
Il ne survécut pas.

Le radiotélégraphiste Jack Phillips
Après la collision, Jack Phillips envoya
des SOS. Il resta à son poste jusqu'au
bout et ne survécut pas.

Les officiers du *Titanic*
Quatre des huit officiers du *Titanic*, photographiés
ci-dessus, moururent en même temps que leur capitaine
(au centre, à droite). Sur les 899 membres de l'équipage,
seuls 215 survécurent au naufrage du paquebot.

Le radiotélégraphiste Harold Bride
Ce radiotélégraphiste adjoint prit contact
avec le *Carpathia* qui vint à la rescousse
du *Titanic*. Bien que resté à son poste
jusqu'au bout, il survécut.

LE CHEF D'ORCHESTRE

Il y avait deux orchestres à bord du *Titanic*.
Dirigés par Wallace Henry Hartley (ci-dessus), ils
jouèrent ensemble sur le pont des embarcations
après la collision dans le but d'apaiser les
passagers. Les survivants affirment que
l'orchestre continua jusqu'à la dernière minute.
Aucun des musiciens ne survécut.

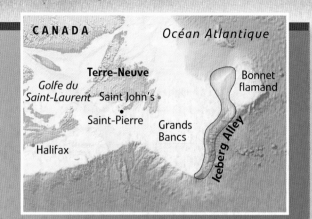

ICEBERG ALLEY

Cette étendue d'eau émaillée d'icebergs et de glace est située à 400 km environ à l'est et au sud-est de Terre-Neuve. C'est un iceberg provenant de cette zone et dérivant vers le sud qui entra en collision avec le navire. On enregistra la présence de 1 019 icebergs dans le couloir de navigation pendant la saison en 1912.

CANADA   Océan Atlantique

Terre-Neuve   Bonnet flamand

Golfe du Saint-Laurent   Saint John's

Saint-Pierre   Grands Bancs

Halifax

Iceberg Alley

AMÉRIQUE DU NORD

3 Iceberg
Le 14 avril à 23 h 40, alors que le paquebot se trouvait à 645 km environ au sud des Grands Bancs, à Terre-Neuve, les deux vigies aperçurent un gros iceberg.

NEW YORK

OCÉAN ATLANTIQUE

En route!

L e *Titanic* avait été construit pour effectuer le célèbre trajet transatlantique d'Angleterre en Amérique du Nord, lequel nécessitait environ six jours de voyage. Le 10 avril 1912, le navire se mit en route de Southampton, en Angleterre, transportant certaines personnalités parmi les plus importantes de l'époque qui voyageaient en première classe. Lorsqu'il quitta le quai à Southampton, ses remous firent rompre ses amarres à un autre paquebot, le *New York*. Les deux navires faillirent entrer en collision.

Iceberg droit devant !

La vigie Frederick Fleet était en service sur le nid-de-pie et ne vit l'iceberg qu'au moment où il faisait directement face au navire. Il fit retentir trois fois la cloche d'alerte du navire. Puis il téléphona au pont et s'écria dans le combiné : « Iceberg droit devant ! » Le premier officier Murdoch ordonna de virer de bord et de renverser la vapeur.

2 Queenstown (Cobh)
Il poursuivit sa route vers Queenstown, en Irlande, où il prit d'autres passagers, parmi lesquels beaucoup d'Irlandais émigrant aux États-Unis.

2 QUEENSTOWN (COBH)

SOUTHAMPTON

1 CHERBOURG

1 Cherbourg
Le navire traversa la Manche et fit escale à Cherbourg, en France. Certains passagers en descendirent, tandis que d'autres montaient à bord.

EUROPE

AFRIQUE

Direction : l'Atlantique
Après avoir quitté la côte irlandaise, le *Titanic* progressa rapidement à travers l'Atlantique. On raconte que le capitaine aurait été incité à aller vite pour tenter de battre le record de traversée de l'Atlantique.

La collision

Iceberg droit devant !
FREDERICK FLEET, VIGIE SUR LE NID-DE-PIE
DU *TITANIC*, LE 14 AVRIL 1912 À 23 H 40

près le signal d'alerte, l'ordre fut donné de virer de bord et de renverser la vapeur, mais il était trop tard : on entendit un vacarme monumental. Le *Titanic* avait percuté un iceberg à quelque 725 km de New York. La masse de glace avait éraflé le flanc droit du navire et fait sauter des rivets et ouvert des voies d'eau sur environ 90 m de long.

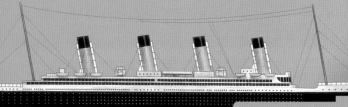

Compartiments étanches
Sur les seize compartiments étanches du navire, quatre pouvaient être inondés sans que cela l'empêche de rester à flot. Mais la collision avait provoqué des brèches dans les cinq premiers compartiments, et ceux-ci commencèrent à se remplir.

Eau

La face cachée
En général, seul un dixième des icebergs émerge au-dessus de l'eau. Les neuf dixièmes restants demeurent cachés sous la surface ; les icebergs sont donc très difficiles à distinguer. Le *Titanic* avait entendu plusieurs messages radio avertissant de la présence d'icebergs dans la région. Cependant, quand la vigie aperçut l'iceberg droit devant, le navire allait trop vite pour qu'on puisse l'arrêter en renversant la vapeur à temps.

Il reste deux heures

Alerté par la collision, le capitaine
Smith donna l'ordre de stopper
complètement le navire. Il ordonna
à un officier d'aller inspecter la partie
avant et de revenir rapidement
lui faire un rapport. L'officier
s'exécuta avec l'architecte du bateau.
Ce dernier annonça au capitaine
que le *Titanic* resterait à flot pendant
deux heures environ. Peu après
minuit, le capitaine donna l'ordre
de préparer les canots de sauvetage.

Les canots

Le *Titanic* transportait vingt canots de sauvetage. Les canots n° 1 à 16, en bois, pouvaient accueillir de 40 à 65 personnes chacun ; les canots A, B, C et D, pliants, avaient une capacité de 47 passagers chacun. Le *Titanic* possédait assez de canots pour sauver 1 178 personnes – soit la moitié des personnes à bord. Le premier canot fut mis à l'eau à 0 h 45, avec 28 passagers seulement. À 1 h 30 du matin, ils avaient presque tous été mis à l'eau, alors que la plupart des passagers et membres d'équipage étaient restés à bord.

1 Chacun son tour
Les passagers des 1re et 2e classe firent la queue pour monter à bord des canots de sauvetage. Ceux de la 3e classe ne trouvèrent pas leur chemin depuis les ponts inférieurs.

Canots de sauvetage en bois

Conformément à la réglementation alors en vigueur, le *Titanic* disposait de 16 canots de sauvetage en bois – alors que le pont aurait pu en abriter jusqu'à 64, soit une capacité de 4 000 places.

2 L'embarquement à bord des canots
Les officiers aidèrent femmes et enfants
à prendre place dans les canots. La règle
étant de sauver les femmes et les enfants en
priorité, la catastrophe fit plus de victimes
parmi les hommes que parmi les femmes.

3 La descente des canots dans l'eau
Quand ils atteignirent l'eau (18 m plus bas
que le pont), nombre de canots étaient
loin d'être remplis à leur capacité maximale.
Les deux premiers ne comptaient que
28 personnes à leur bord.

4 La fuite des passagers
Dix-huit canots furent mis à la mer avant que
le *Titanic* ne coule. Lorsque les gens sentirent
le naufrage inévitable, ils se précipitèrent sur
les derniers canots. Certains hommes furent
admis à bord pour ramer.

5 Le retour sur le lieu du naufrage
Une fois le *Titanic* englouti par les flots,
les canots pouvaient retourner en toute
sécurité chercher les passagers à l'eau.
Mais seuls deux d'entre eux le firent, les
passagers des autres canots avaient peur.

Le *Titanic* se brise

L a proue du *Titanic* se remplissant d'eau, elle commença à couler. À 1 h 40 environ, une eau glacée déferla sur la proue. Dix minutes plus tard, les ponts avant étaient sous l'eau et la promenade du pont supérieur se rapprochait dangereusement de la ligne de flottaison. Aux alentours de 2 h, il y avait de l'eau sur ce pont. La poupe jaillit de l'eau, découvrant les hélices, et le *Titanic* pencha encore plus abruptement en avant. À 2 h 10, dix-huit canots de sauvetage sur vingt avaient été mis à l'eau, mais il restait encore environ 1 500 passagers à bord.

LE NAUFRAGE

Après la collision, il ne paru pas évident que le bateau était en train de sombrer. Ne croyant pas que le grand navire coulerait, les passagers se montraient réticents à monter dans un frêle canot de sauvetage.

Les derniers instants

À 2 h 17, le dernier appel au secours fut envoyé. Tandis que la poupe s'élevait encore, tous les éléments qui n'étaient pas attachés tombèrent à l'eau. La cheminée avant s'écroula, écrasant des passagers. D'autres sautèrent par-dessus bord dans l'espoir d'atteindre un canot de sauvetage. À 2 h 20, les lumières du paquebot s'éteignirent. Puis la proue se sépara de la poupe.

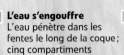

1 L'eau s'engouffre
L'eau pénètre dans les fentes le long de la coque ; cinq compartiments prennent l'eau.

2 La proue s'enfonce
Le poids de la proue fait qu'elle s'enfonce au-dessous de la ligne de flottaison. La poupe se dresse.

3 La coque craque
À 2 h 20, la coque se coupe en deux entre les deux cheminées arrière. La proue sombre dans l'eau.

4 Deux morceaux
La poupe se soulève verticalement et flotte un court instant avant de couler à son tour.

Le savais-tu ?

Quand le navire se brisa en deux, la proue sombra et la poupe se remit d'aplomb sur l'eau un court moment. Puis elle s'emplit lentement d'eau, se dressa et finit par couler elle aussi.

Le sauvetage

À partir de 0 h 15, les radiotélégraphistes du *Titanic* envoyèrent sans relâche des messages de détresse. À 0 h 32, le *Carpathia* répondit : « Virons de bord et faisons route vers vous. » Il alla aussi vite que possible mais mit plus de trois heures à atteindre la zone du naufrage. Cela faisait longtemps que les canots de sauvetage étaient à la mer, et certains de leurs passagers étaient morts d'hypothermie. Le *Carpathia* parvint à sauver 705 personnes.

Salle de radio du *Carpathia*
À 0 h 32, David Sarnoff capta les messages de détresse du *Titanic*.

Médaille commémorative
Arthur Henry Rostron, le capitaine du *Carpathia*, reçut cette médaille en récompense de son action héroïque pendant l'opération de sauvetage.

À LA RESCOUSSE DU *TITANIC*

Le *Carpathia* se trouvait à 93 km du *Titanic* quand il reçut son message de détresse. L'équipage du *Carpathia* s'activa pour sortir les passagers des canots et les emmener à bord de leur navire. On donna à manger et à boire aux rescapés, on leur fournit des vêtements secs, des couvertures, et l'on organisa un bref office religieux pour les survivants et pour ceux qui avaient péri. Plus tard, les rescapés décernèrent des médailles à l'équipage du *Carpathia* pour l'opération de sauvetage qu'il avait menée.

Les officiers du *Carpathia*

L'accueil des survivants
Le *Carpathia* quitta la zone de sauvetage le 15 avril à 8 h 50 environ et accosta à New York le soir même. La foule s'était rassemblée pour assister à l'entrée dans le port du navire de sauvetage et pour accueillir les rescapés du *Titanic*.

Gros titres
La catastrophe fit dès le lendemain la une de plusieurs journaux. Mais les informations dont ils se firent l'écho étaient encore incomplètes ou contradictoires.

The New York Times.

"All the News That's Fit to Print."

NEW YORK, TUESDAY, APRIL 16, 1912.—TWENTY-FOUR PAGES.

ONE CENT

TITANIC SINKS FOUR HOURS AFTER HITTING ICEBERG; 866 RESCUED BY CARPATHIA, PROBABLY 1250 PERISH; ISMAY SAFE, MRS. ASTOR MAYBE, NOTED NAMES MISSING

Col. Astor and Bride, Isidor Straus and Wife, and Maj. Butt Aboard.

"RULE OF SEA" FOLLOWED

Women and Children Put Over in Lifeboats and Are Supposed to Be Safe on Carpathia.

PICKED UP AFTER 8 HOURS

Vincent Astor Calls at White Star Office for News of His Father and Leaves Weeping.

FRANKLIN HOPEFUL ALL DAY

Manager of the Line Insisted Titanic Was Unsinkable Even After She Had Gone Down.

HEAD OF THE LINE ABOARD

Biggest Liner Plunges to the Bottom at 2:20 A.M.

RESCUERS THERE TOO LATE

Except to Pick Up the Few Hundreds Who Took to the Lifeboats.

WOMEN AND CHILDREN FIRST

Carpathia Rushing to New York with the Survivors.

SEA SEARCH FOR OTHERS

The California Stands By on Chance of Picking Up Other Boats or Rafts.

OLYMPIC SENDS THE NEWS

The Lost Titanic Being Towed Out of Belfast Harbor.

PARTIAL LIST OF THE SAVED.

Includes Bruce Ismay, Mrs. Widener, Mrs. H. B. Harris, and an Incomplete List Among the First Cabin Passengers.

CAPE RACE, N. F., Tuesday, April 16.—Following is a partial list of survivors among the first cabin passengers of the Titanic, received by the Marconi wireless station this morning from the Carpathia:

Tirer les leçons

Après le naufrage du *Titanic*, plusieurs enquêtes furent ouvertes. Leurs conclusions amenèrent les gouvernements et les compagnies de navigation à mettre en vigueur de nouvelles réglementations pour éviter qu'un tel accident puisse se reproduire. Les couloirs de navigation transatlantiques furent déplacés plus au sud, loin d'Iceberg Alley. La patrouille internationale des glaces fut fondée pour surveiller les icebergs et prévenir les navires des endroits où ceux-ci dérivaient.

NOUVELLES NORMES DE SÉCURITÉ

La première convention internationale pour la sauvegarde de la vie humaine en mer se tint en 1913. Elle donna lieu à un ensemble de règles obligatoires, notamment : formation et exercices d'évacuation en utilisant les canots de sauvetage, une place dans un canot pour chaque personne à bord, surveillance radio 24 h sur 24 pour capter les messages de détresse en provenance d'autres navires.

Les canots de sauvetage : voilà tout ce qui restait du *Titanic* après la catastrophe.

L'enquête du Sénat américain
Après la catastrophe, la commission d'enquête du Sénat américain interrogea des témoins, ici, à New York.

Le savais-tu ?

Le *Titanic* transportait 2 223 personnes à son bord ; il avait une capacité de 3 547 personnes ; s'il l'avait utilisée pleinement, il y aurait eu beaucoup plus de victimes.

Catastrophe ou malédiction ?
Nombre de gens croyaient que le *Titanic* était maudit. Contrairement à la coutume en vigueur, la White Star Line n'avait pas baptisé ses navires, et les superstitieux eurent le sentiment que c'était une erreur. Par ailleurs, d'aucuns pensèrent que la catastrophe du *Titanic* réalisait une prophétie annoncée dans un roman, écrit des années auparavant, qui traitait du naufrage d'un navire appelé *Titan*.

FAITS TROUBLANTS

Deux chiens furent sauvés du navire en perdition.

Seules trois des quatre cheminées du *Titanic* fonctionnaient ; la quatrième ne servait qu'à donner au navire un aspect plus spectaculaire.

On emportait souvent des chats à bord pour porter chance aux navires, mais il n'y en avait pas sur le *Titanic*.

L'épave

L'épave du *Titanic* reposait depuis soixante-treize ans au fond de l'océan avant d'être découverte. En 1985, Robert Ballard et Jean-Louis Michel menèrent une expédition au cours de laquelle ils localisèrent la coque par 3 700 m de profondeur, à 595 km au sud-est de Mistaken Point, à Terre-Neuve. La poupe fut retrouvée à 600 m de la proue, tournée dans la direction opposée.

Trésors au fond de l'océan

Le fond de l'océan dans la zone située autour de la proue et de la poupe du *Titanic* était jonché de débris du navire, de meubles, de vaisselle et d'effets personnels. Les explorateurs récupérèrent plus de 6 000 objets sur l'épave, parmi lesquels des vêtements, des lettres personnelles, des billets de banque, des bijoux, de la porcelaine ainsi que des cadres photo.

La cloche
La cloche d'alerte du *Titanic* est aujourd'hui exposée dans un musée maritime.

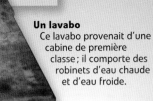

Un lavabo
Ce lavabo provenait d'une cabine de première classe ; il comporte des robinets d'eau chaude et d'eau froide.

Un hublot
Plusieurs hublots furent remontés à la surface et conservés.

La vaisselle
Étonnamment, beaucoup d'assiettes, de tasses et de soucoupes n'ont pas été cassées.

Bijoux en or
Ce collier orné de pépites d'or faisait partie des bijoux qui furent remontés à la surface.

Des jumelles
Parmi les nombreuses affaires personnelles qui furent retrouvées figurait cette paire de jumelles.

Brochure touristique

Avant le voyage inaugural du *Titanic*, la White Star Line fit énormément de publicité pour attirer les passagers.

Toi aussi, crée ta brochure touristique consacrée au *Titanic*.

1 Pour te donner des idées, regarde les brochures touristiques concernant les paquebots dans les agences de voyages et sur les sites Internet. N'oublie pas que ta brochure doit refléter l'époque telle qu'elle était en 1912.

2 Pense au public à qui tu t'adresses ; s'agit-il de la classe aisée ? Si oui, comment vas-tu procéder ? Quel langage aurais-tu utilisé à cette époque pour séduire cette catégorie de la population ?

3 Réfléchis aux informations essentielles que tes futurs passagers voudraient connaître et parcours à nouveau ce livre pour trouver des idées. Certaines informations importantes devront être mentionnées concernant le prix, la sécurité, l'itinéraire du paquebot et le temps qu'il lui faudra pour le parcourir.

4 Dresse une liste de toutes les caractéristiques et les commodités présentes sur le *Titanic* qui pourraient, selon toi, attirer les clients et décide de la manière dont tu vas les présenter dans ta brochure.

5 Décide des images que tu vas inclure pour faire la meilleure publicité possible des points forts du paquebot.

6 Conçois et réalise ta brochure.

Glossaire

amarres
cordage maintenant à quai
un navire.

baptiser (un bateau)
inaugurer ou bénir un bateau
et lui donner un nom lors d'une
cérémonie au cours de laquelle
une bouteille de champagne
est brisée contre la coque.

coque
partie principale d'un navire
comprenant le fond, les flancs
et le pont, mais pas le mât,
le gréement et les moteurs.

droit maritime
ensemble des lois qui régissent
les questions relatives à
la navigation sur les mers.

hypothermie
température corporelle
dangereusement basse.

nid-de-pie
plateforme fixée sur un mât et
servant de poste d'observation.

poupe
partie arrière d'un navire.

prophétie
prédiction annonçant qu'une
chose va arriver dans le futur.

proue
partie avant de la coque
d'un navire.

quille
pièce conférant sa force à
la structure du navire. La quille
compose la partie inférieure
du navire, au centre, et fait
toute la longueur de ce dernier.

radio
à l'époque du *Titanic*, appareil
électrique permettant d'émettre
à longue distance des signaux
radio-électriques au moyen
du code Morse.

rivet
tige cylindrique servant
à assembler deux pièces
métalliques.

Index

Crédits et remerciements

Abréviations : hg = haut gauche ; hc = haut centre ; hd = haut droite ; cg = centre gauche ; c = centre ; cd = centre droite ; bg = bas gauche ; bc = bas centre ; bd = bas droite ; ap = arrière-plan
ALA = Alamy ; CBT = Corbis ; GI = Getty Images ; iS = istockphoto.com ; LC = Library of Congress ; TF = Topfoto ; TPL = photolibrary.com

Couverture : 1er plat, c Weldon Owen Pty Ltd, hd GI, 4e plat : c, TF, cg Weldon Owen Pty Ltd.
Intérieur : **1**c GI ; **2–3**ap CBT ; **6–7**ap iS ; c TPL ; **7**hc TF ; **8**bg iS ; **9**hg LC ; **10**hd TF ; **10–11**ap TF ; **11**hc GI ; bd iS ; c TF ; **12**hg TF ; **12–13**c TPL ; **13**bd, cd TF ; **14**ap, bg, bd, hg iS ; bg, bd, hg TF ; **15**bg, bg iS ; bg, cd, hc TF ; **16–17**ap iS ; bc TPL ; **20**cd iS ; **20–21**ap CBT ; ap iS ; hc TF ; **21**bc, bd, c, cd iS ; bg, bd, hg, hd TF ; **22–23**ap, hd CBT ; **24**hg CBT ; bg iS ; bg TF ; **24–25**bc CBT ; bg, bg iS ; **25**hc LC ; bd TF ; **26**bg TF ; **26–27**ap iS ; hc LC ; **27**cd ALA ; hd iS ; bg iS ; bd TF ; **28–29**ap iS ; cg TF ; **29**bd CBT ; bc GI ; c, c, cg, cd, hg, hd TF ; **30**bc, cd, hd TF ; c TPL ; **30–31**ap iS ; **31**ap TPL ; **32**ap TPL

Toutes les autres illustrations copyright © Weldon Owen Pty Ltd **16**hg Andrew Davies/ Creative Communication